Impressum
Verlag: BABADADA GmbH, Nedderfeld 112 , 22529 Hamburg
Geschäftsführer / Verlagsleitung: Harald Hof
Druck: Books on Demand GmbH, In de Tarpen 42, 22848 Norderstedt

Imprint
Publisher: BABADADA GmbH, Nedderfeld 112 , 22529 Hamburg, Germany
Managing Director / Publishing direction: Harald Hof
Print: Books on Demand GmbH, In de Tarpen 42, 22848 Norderstedt

el colegio
ysgol

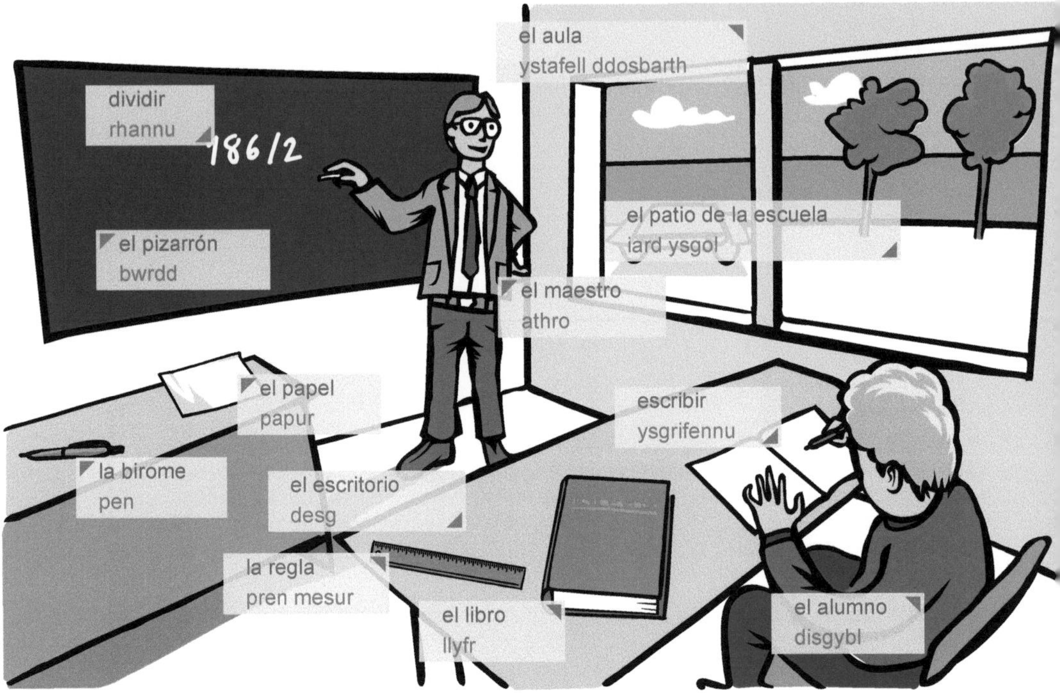

el aula
ystafell ddosbarth
dividir
rhannu
186/2
el pizarrón
bwrdd
el patio de la escuela
iard ysgol
el maestro
athro
el papel
papur
escribir
ysgrifennu
la birome
pen
el escritorio
desg
la regla
pren mesur
el libro
llyfr
el alumno
disgybl

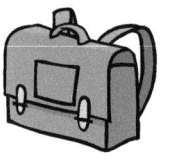

la mochila

bag ysgol

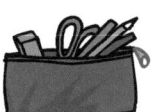

la caja de lápices

blwch penseli

el lápiz

pensil

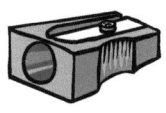

el sacapuntas

peth rhoi min ar bensil

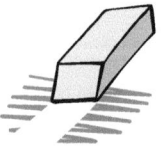

la goma (de borrar)

rwber

el bloc de dibujo

pad arlunio

el dibujo

llun

el pincel

brws paent

la caja de pinturas

blwch paent

la tijera

siswrn

el pegamento

glud

el cuaderno de ejercicios

llyfr ysgrifennu

la tarea

gwaith cartref

el número

rhif

sumar

ychwanegu

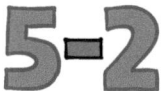

restar

tynnu

multiplicar

lluosi

calcular

cyfrifo

la letra

llythyren

el abecedario

gwyddor

la palabra

gair

el texto

testun

leer

darllen

la tiza

sialc

la lección

gwers

el cuaderno de clase

cofrestr

el examen

arholiad

el certificado

tystysgrif

el uniforme escolar

gwisg ysgol

la educación

addysg

la enciclopedia

gwyddoniadur

la universidad

prifysgol

el microscopio

microsgop

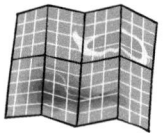

el mapa

map

el tacho (de basura)

basged papur gwastraff

el viaje
teithio

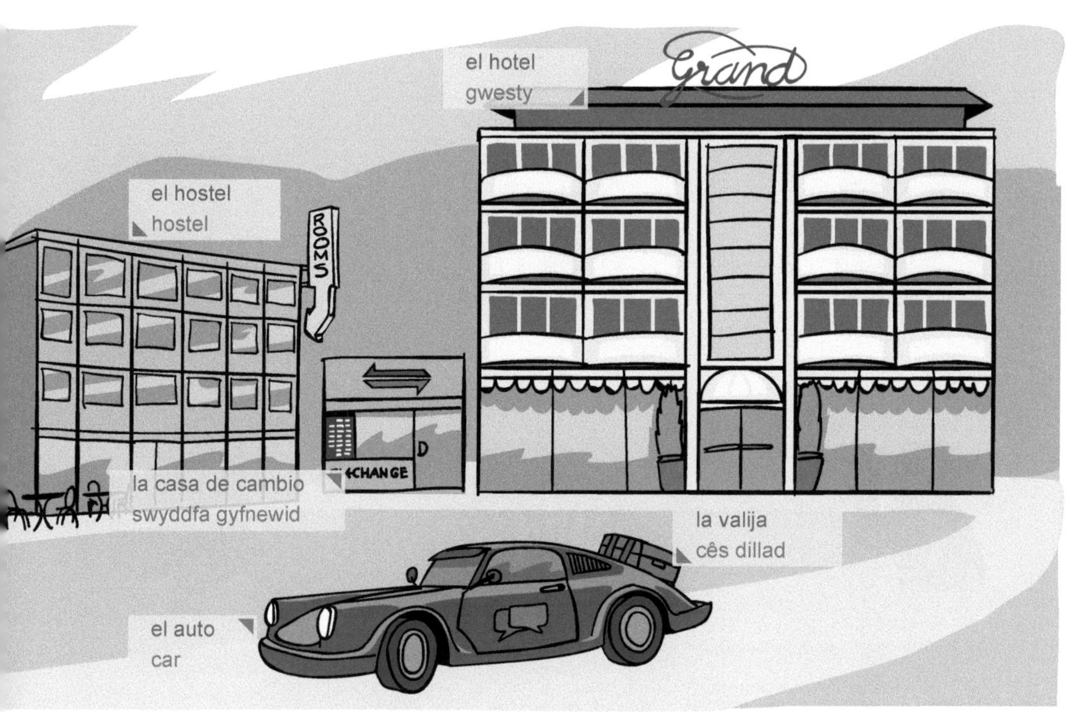
el hotel
gwesty
Grand
el hostel
hostel
ROOMS
la casa de cambio
swyddfa gyfnewid
la valija
cês dillad
el auto
car

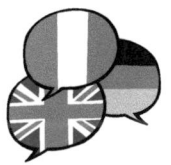

el idioma

iaith

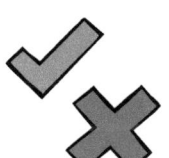

sí / no

ie / na

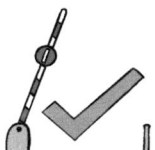

Está bien

iawn

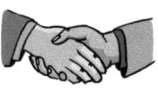

hola

helo

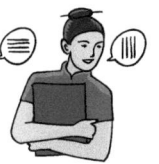

el traductor

cyfieithydd

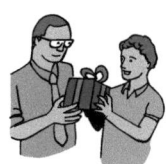

Gracias

Diolch yn fawr

¿cuánto cuesta…?

faint yw …?

No entiendo

Dw i ddim yn deall

el problema

problem

¡Buenas tardes!

Noswaith dda!

¡Buenos días!

Bore da!

¡Buenas noches!

Nos da!

el adiós

hwyl

la dirección

cyfarwyddyd

el equipaje

bagiau

el bolso

bag

la mochila

gwarbac

el invitado

gwestai

la habitación

ystafell

la bolsa de dormir

sach gysgu

la carpa

pabell

la información turística

gwybodaeth i ymwelwyr

la playa

traeth

la tarjeta de crédito

cerdyn credyd

el desayuno

brecwast

el almuerzo

cinio

la cena

swper

el pasaje

tocyn

el ascensor

lifft

el sello

stamp

la frontera

ffin

la aduana

tollau

la embajada

llysgenhadaeth

la visa

fisa

el pasaporte

pasbort

el transporte
cludiant

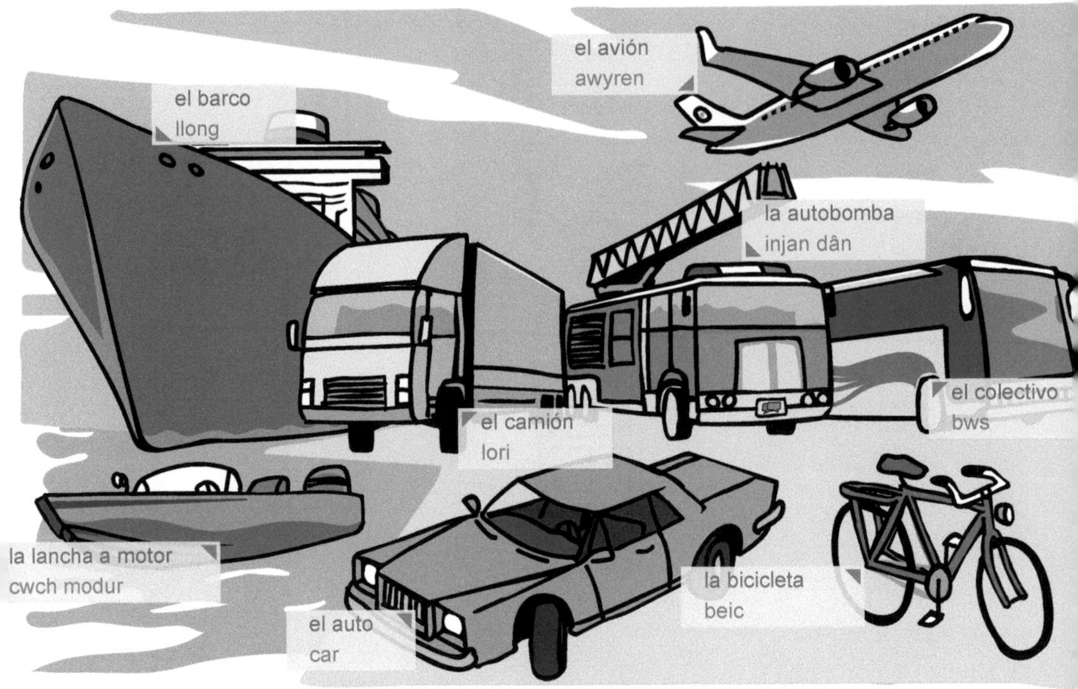

el avión
awyren
el barco
llong
la autobomba
injan dân
el colectivo
bws
el camión
lori
la lancha a motor
cwch modur
la bicicleta
beic
el auto
car

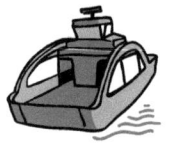

el ferry

fferi

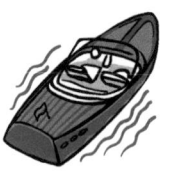

el bote

cwch

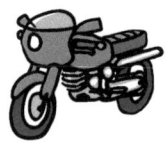

la moto

beic modur

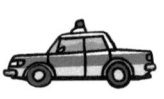

el patrullero

car yr heddlu

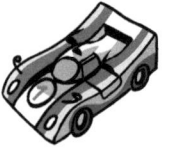

el auto de carreras

car rasio

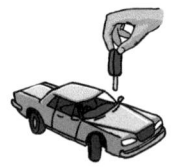

el auto de alquiler

car wedi'i rentu

el alquiler de autos

rhannu car

la grúa

lori tynnu

el camión de la basura

lori ysbwriel

el motor

modur

la nafta

tanwydd

la estación de servicio

gorsaf betrol

la señal de tránsito

arwydd traffig

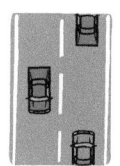

el tránsito

traffig

el embotellamiento

tagfa draffig

el estacionamiento

maes parcio

la estación de tren

gorsaf drennau

las vías

traciau

el tren

trên

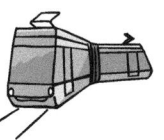

el tranvía

tram

el vagón

wagen

el helicóptero

hofrennydd

el aeropuerto

maes awyr

la torre

twr

el pasajero

teithiwr

el contenedor

cynhwysydd

la caja de cartón

paced

la carretilla

cert

la canasta

basged

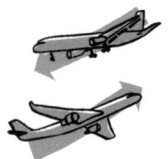

despegar / aterrizar

esgyn / glanio

la ciudad

dinas

el pueblo

pentref

el centro de la ciudad

canol y ddinas

la casa

tŷ

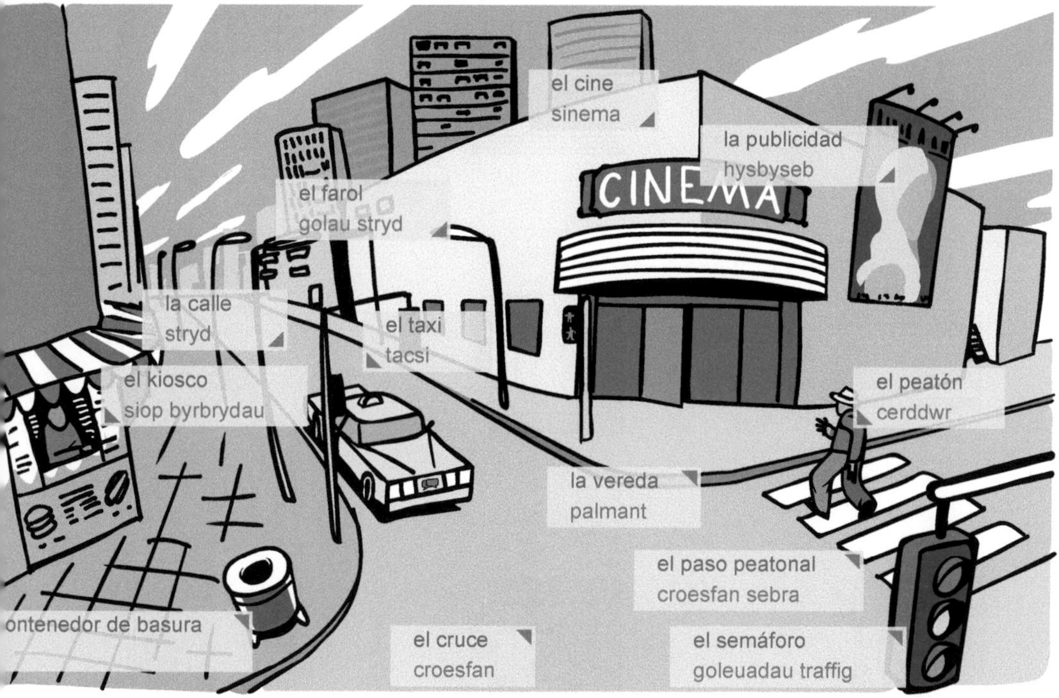

el cine
sinema

la publicidad
hysbyseb

el farol
golau stryd

CINEMA

la calle
stryd

el taxi
tacsi

el kiosco
siop byrbrydau

el peatón
cerddwr

la vereda
palmant

el paso peatonal
croesfan sebra

ontenedor de basura

el cruce
croesfan

el semáforo
goleuadau traffig

la cabaña

cwt

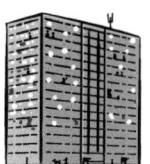

el departamento

fflat

la estación de tren

gorsaf drennau

la municipalidad

neuadd y dref

el museo

amgueddfa

el colegio

ysgol

la universidad

prifysgol

el banco

banc

el hospital

ysbyty

el hotel

gwesty

la farmacia

fferyllfa

la oficina

swyddfa

la librería

siop lyfrau

el negocio

siop

la florería

siop flodau

el supermercado

archfarchnad

el mercado

farchnad

las grandes tiendas

siop adrannol

la pescadería

siop bysgod

el centro comercial

canolfan siopa

el puerto

harbwr

el parque

parc

el banco

banc

el puente

pont

las escaleras

grisiau

el subte

rheilffordd danddaearol

el túnel

twnnel

la parada del colectivo

safle bws

el bar

bar

el restaurante

bwyty

el buzón

blwch post

el letrero

arwydd stryd

el parquímetro

mesurydd parcio

el zoológico

sŵ

la pileta

pwll nofio

la mezquita

mosg

la granja

fferm

la contaminación

llygredd

el cementerio

mynwent

la iglesia

eglwys

los juegos infantiles

maes chwarae

el templo

teml

el paisaje

tirwedd

la hoja
deilen

el poste indicador
arwydd cyfeirio

el camino
ffordd

la pradera
dôl

la piedra
carreg

el árbol
coeden

el excursionista
heiciwr

el río
afon

la hierba
glaswellt

la flor
blodyn

el valle

cwm

la montaña

bryn

el lago

llyn

el bosque

coedwig

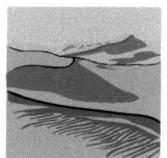

el desierto

anialwch

el volcán

llosgfynydd

el castillo

castell

el arco iris

enfys

el champiñón

madarchen

la palmera

palmwydden

el mosquito

mosgito

la mosca

pryf

la hormiga

morgrugyn

la abeja

gwenyn

la araña

pryf copyn

el escarabajo

chwilen

la rana

llyffant

la ardilla

gwiwer

el erizo

draenog

la liebre

ysgyfarnog

la lechuza

tylluan

el pájaro

aderyn

el cisne

alarch

el jabalí

baedd

el ciervo

carw

el alce

elc

la presa

argae

el aerogenerador

tyrbin gwynt

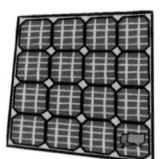

el panel solar

panel haul

el clima

hinsawdd

el restaurante

bwyty

el mozo
gweinydd
el menú
bwydlen
la silla
cadair
la sopa
cawl
la pizza
pitsa
los cubiertos
cyllyll a ffyrc
el mantel
lliain bwrdd

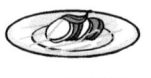

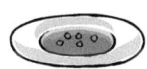

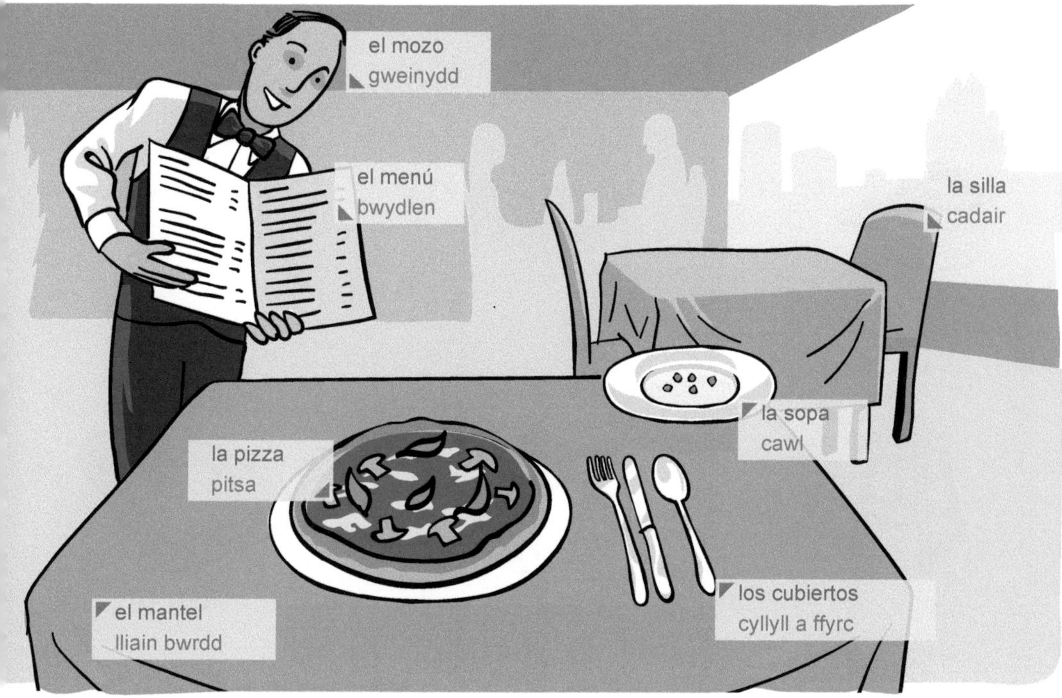

la entrada
cwrs cyntaf

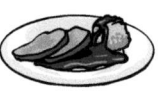

el plato principal
prif gwrs

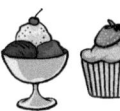

el postre
pwdin

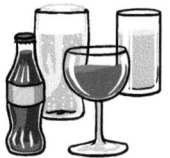

las bebidas
diodydd

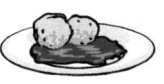

la comida
bwyd

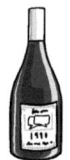

la botella
potel

la comida rápida

bwyd cyflym

la comida callejera

bwyd y stryd

la tetera

tebot

la azucarera

powlen siwgr

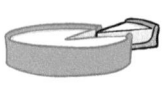

la porción

dogn

la cafetera expreso

peiriant espresso

la sillita alta

cadair plentyn

la cuenta

bil

la bandeja

hambwrdd

el cuchillo

cyllell

el tenedor

fforc

la cuchara

llwy

la cucharita

llwy de

la servilleta

napcyn

el vaso

gwydr

el plato

plât

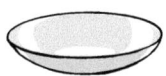

el plato hondo

plât cawl

el plato

soser

la salsa

saws

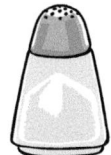

el salero

pot halen

el molinillo de pimienta

melin bupur

el vinagre

finegr

el aceite

olew

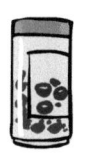 

las especias

sbeisys

el kétchup

saws coch

la mostaza

mwstard

la mayonesa

mayonnaise

el supermercado
archfarchnad

la oferta especial
cynnig arbennig
FOR
el cliente
cwsmer
los lácteos
cynnyrch llaeth
la fruta
ffrwythau
el changuito
trolí

BUTCHERS

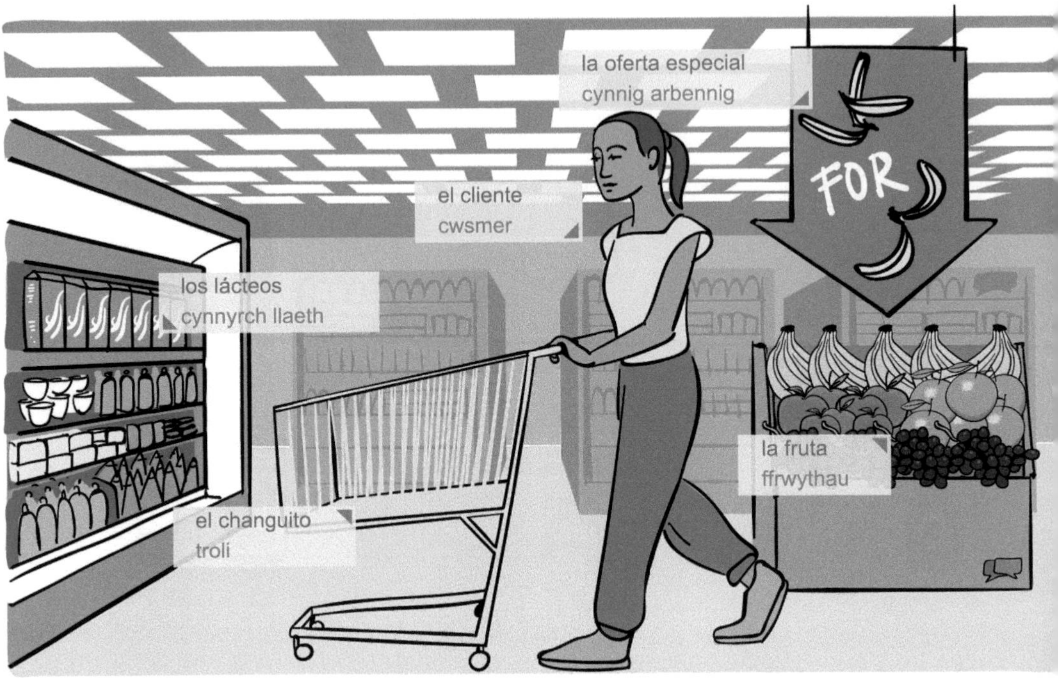

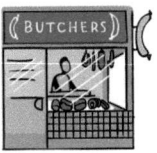

la carnicería

siop gig

BAKERY

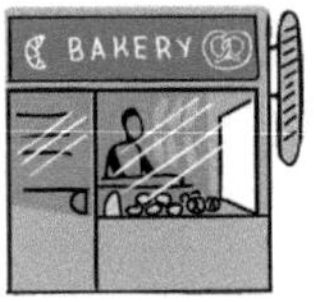

la panadería

siop fara

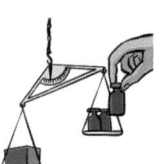

pesar

pwyso

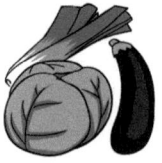

las verduras

llysiau

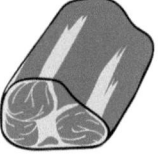

la carne

cig

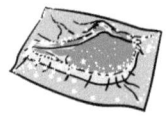

los alimentos congelados

Bwyd wedi'i rewi

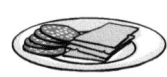

los fiambres
cig oer

los alimentos enlatados
bwyd tun

el detergente en polvo
powdr golchi

las golosinas
da-da

los electrodomésticos
cynnyrch cartref

los productos de limpieza
cynhyrchion glanhau

la vendedora
gwerthwraig

la caja
til

el cajero
ariannwr

la lista de compras
rhestr siopa

el horario de atención
oriau agor

la billetera
waled

la tarjeta de crédito
cerdyn credyd

la cartera
bag

la bolsa de plástico
bag plastig

el agua

dŵr

el jugo

sudd

la leche

llefrith

la bebida cola

côc

el vino

gwin

la cerveza

cwrw

el alcohol

alcohol

el cacao

coco

el té

te

el café

coffi

el café expreso

espresso

el cappuccino

cappuccino

la banana

ffrwchledd

la manzana

afal

la naranja

oren

el melón

melon

el limón

lemwn

la zanahoria

moronen

el ajo

garlleg

el bambú

bambŵ

la cebolla

nionyn

el champiñón

madarchen

las nueces

cnau

los fideos

nwdls

los tallarines

sbageti

el arroz

reis

la ensalada

salad

las papas fritas

sglodion

las papas fritas

tatws wedi'u ffrïo

la pizza

pitsa

la hamburguesa

hambyrger

el sándwich

brechdan

el churrasco

cytled

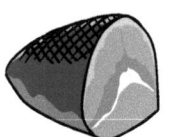

el jamón

ham

el salame

salami

la salchicha

selsig

el pollo

cyw iâr

el asado

rhost

el pescado

pysgodyn

la comida - bwyd

los copos de avena

ceirch uwd

el muesli

miwsli

los copos de maíz

creision ŷd

la harina

blawd

la medialuna

croissant

el pancito

bynsen

el pan

bara

la tostada

tost

las galletitas

bisgedi

la manteca

menyn

la cuajada

ceuled

la torta

teisen

el huevo

wy

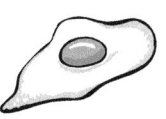

el huevo frito

wy wedi'i ffrïo

el queso

caws

la comida - bwyd

el helado

hufen iâ

el azúcar

siwgr

la miel

mêl

la mermelada

jam

la pasta de chocolate

siocled taenu

el curry

cyri

la comida - bwyd

la granja
fferm

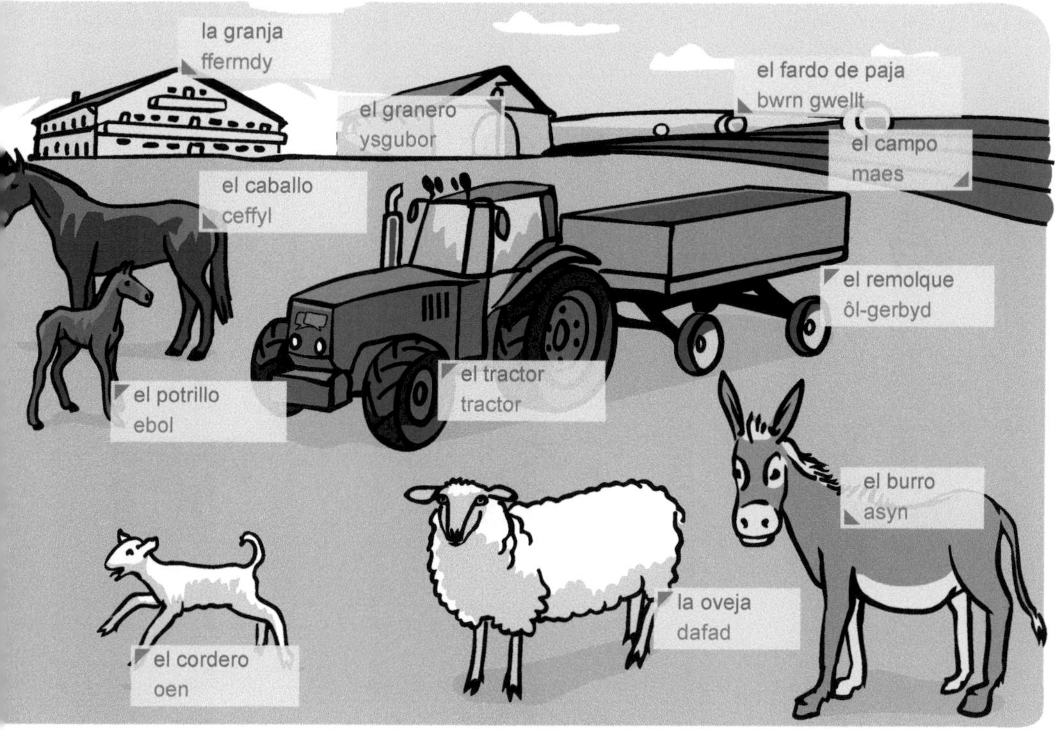

la granja
ffermdy
el granero
ysgubor
el fardo de paja
bwrn gwellt
el campo
maes
el caballo
ceffyl
el remolque
ôl-gerbyd
el tractor
tractor
el potrillo
ebol
el burro
asyn
la oveja
dafad
el cordero
oen

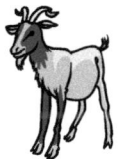

la cabra
gafr

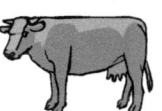

la vaca
buwch

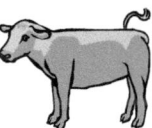

el ternero
llo

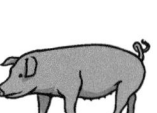

el cerdo
mochyn

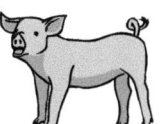

el lechón
porchell

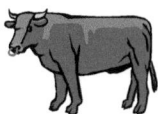

el toro
tarw

el ganso

gwydd

el pato

hwyaden

el pollo

cyw

la gallina

iâr

el gallo

ceiliog

la rata

llygoden fawr

el gato

cath

el ratón

llygoden

el buey

ych

el perro

ci

la cucha

cwt ci

la manguera

pibell ddŵr

la regadera

can dŵr

la guadaña

pladur

el arado

aradr

la hoz

cryman

la azada

fforch chwynu

la horquilla

picwarch

el hacha

bwyell

la carretilla

berfa

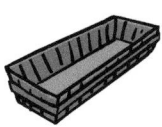

el abrevadero

cafn

la lechera

tun llefrith

la bolsa

sach

la reja

ffens

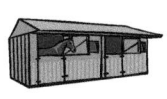

el establo

stabl

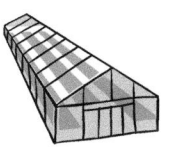

el invernadero

tŷ gwydr

el suelo

pridd

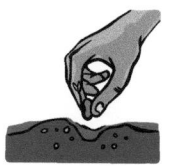

la semilla

hedyn

el fertilizador

gwrtaith

la cosechadora

dyrnwr medi

cosechar

cynaeafu

la cosecha

cynhaeaf

las batatas

iamau

el trigo

gwenith

la soja

soi

la papa

tysen

el maíz

grawn

la semilla de colza

had rêp

el árbol frutal

coeden ffrwythau

la mandioca

manioc

los cereales

grawnfwydydd

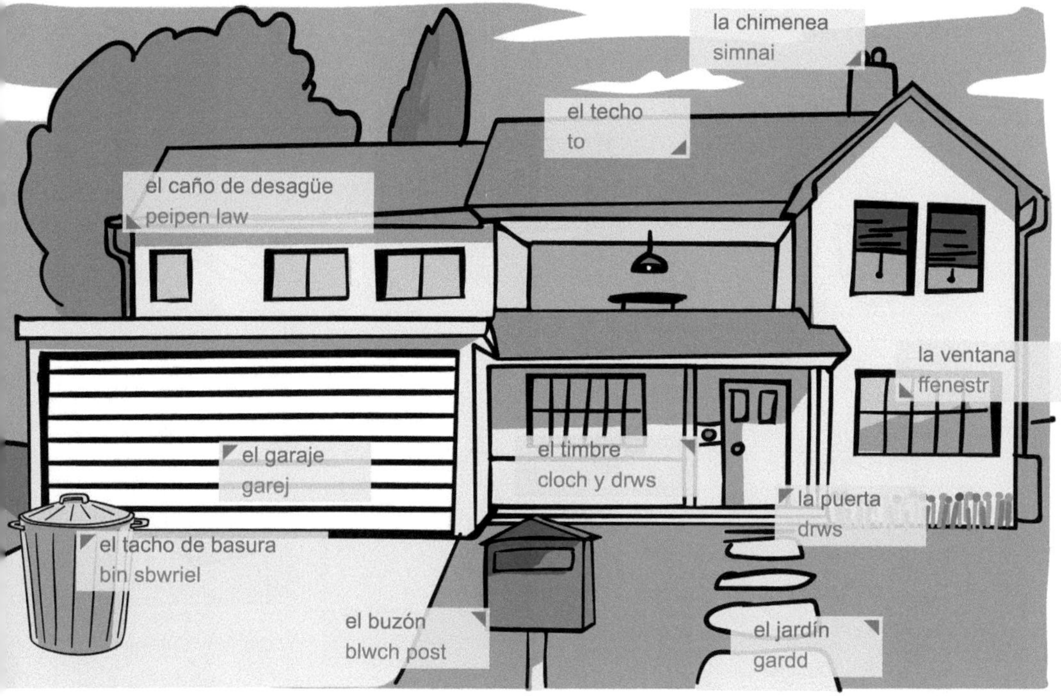

la chimenea
simnai

el techo
to

el caño de desagüe
peipen law

la ventana
ffenestr

el garaje
garej

el timbre
cloch y drws

la puerta
drws

el tacho de basura
bin sbwriel

el buzón
blwch post

el jardín
gardd

el living
lolfa

el baño
ystafell ymolchi

la cocina
cegin

el dormitorio
ystafell wely

el cuarto de los chicos
ystafell plentyn

el comedor
ystafell fwyta

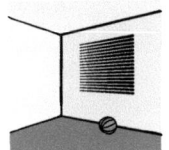

el piso

llawr

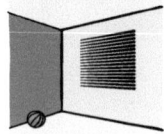

la pared

wal

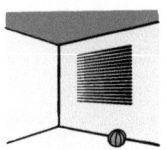

el cielorraso

nenfwd

el sótano

seler

el sauna

sawna

el balcón

balconi

la terraza

teras

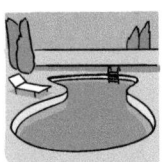

la pileta

pwll

la cortadora de pasto

peiriant torri gwair

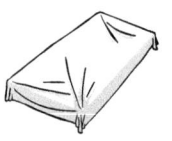

la sábana

taflen

el acolchado

gorchudd gwely

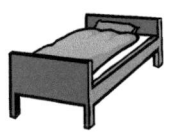

la cama

gwely

la escoba

ysgub

el balde

bwced

el interruptor

swits

el living
lolfa

el empapelado
papur wal
la imagen
llun
la lámpara
lamp
el estante
silff
el armario
cwpwrdd
la televisión
teledu
la chimenea
lle tân
la flor
blodyn
el almohadón
clustog
el sofá
soffa
el florero
fâs
el control remoto
rheolydd o bell

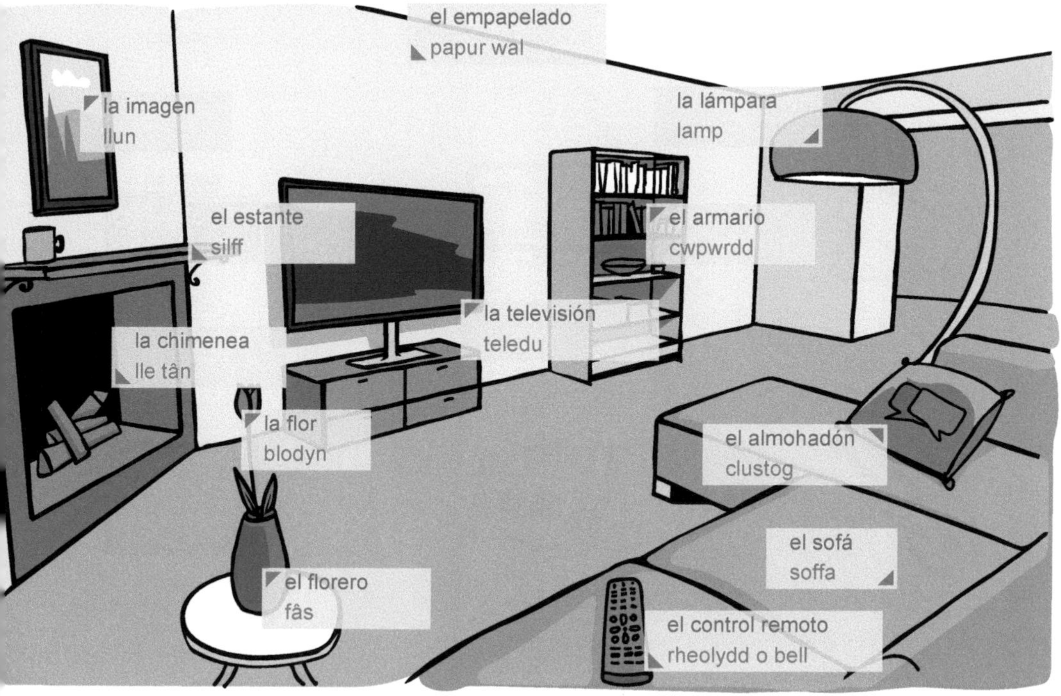

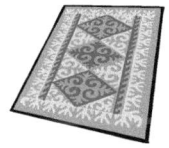

la alfombra

carped

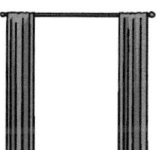

la cortina

llen

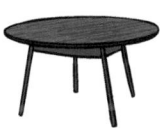

la mesa

bwrdd

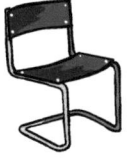

la silla

cadair

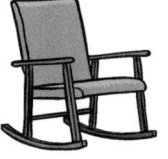

la mecedora

cadair siglo

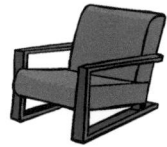

el sillón

cadair freichiau

el libro

llyfr

la frazada

blanced

la decoración

addurn

la leña

coed tân

la película

ffilm

el equipo de música

hi-fi

la llave

agoriad

el diario

papur newydd

la pintura

darlun

el póster

poster

la radio

radio

el cuaderno

llyfr nodiadau

la aspiradora

hwfer

el cactus

cactws

la vela

cannwyll

la cocina
cegin

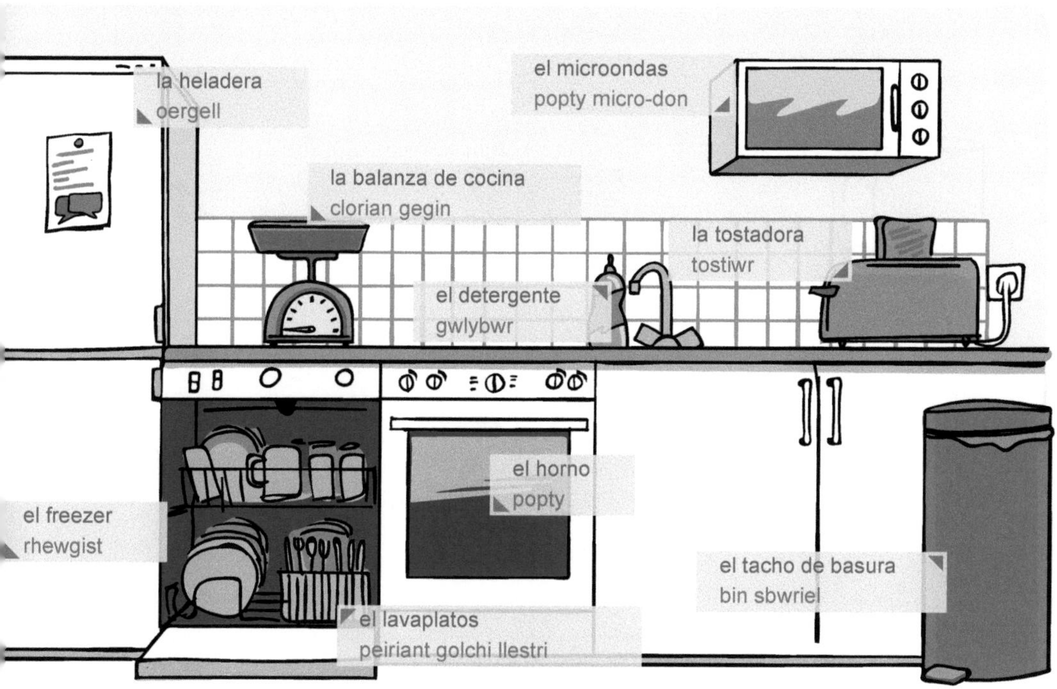

la heladera
oergell
el microondas
popty micro-don
la balanza de cocina
clorian gegin
la tostadora
tostiwr
el detergente
gwlybwr
el horno
popty
el freezer
rhewgist
el tacho de basura
bin sbwriel
el lavaplatos
peiriant golchi llestri

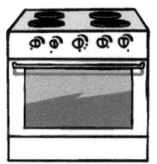

la cocina

popty

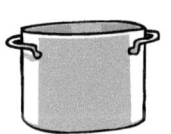

la olla

pot

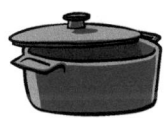

la olla de hierro fundido

pot haearn bwrw

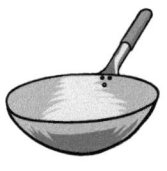

el wok

wok / kadai

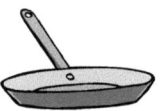

la sartén

padell

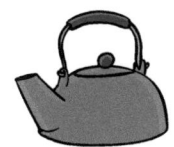

la pava

tegell

la vaporera

sosban stemio

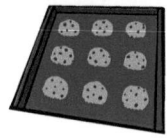

la bandeja de horno

hambwrdd pobi

la vajilla

llestri

la taza

mwg

el bol

powlen

los palitos

gweill bwyta

el cucharón

lletwad

la espátula

ysbodol

la batidora

chwisg

el colador

hidlydd

el colador

gogr

el rallador

gratiwr

el mortero

morter

la parrilla

barbeciw

la fogata

tân agored

la tabla de picar

bwrdd torri cig

el palo de amasar

rholbren

el sacacorchos

tynnwr corcyn

la lata

tun

el abrelatas

peth agor tuniau

la manopla

clwt pot

la pileta

sinc

el cepillo

brws

la esponja

sbwng

la batidora

peiriant cymysgu

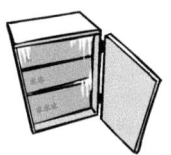

el congelador

rhewgell

la mamadera

potel babi

la canilla

tap

la cocina - cegin

el baño
ystafell ymolchi

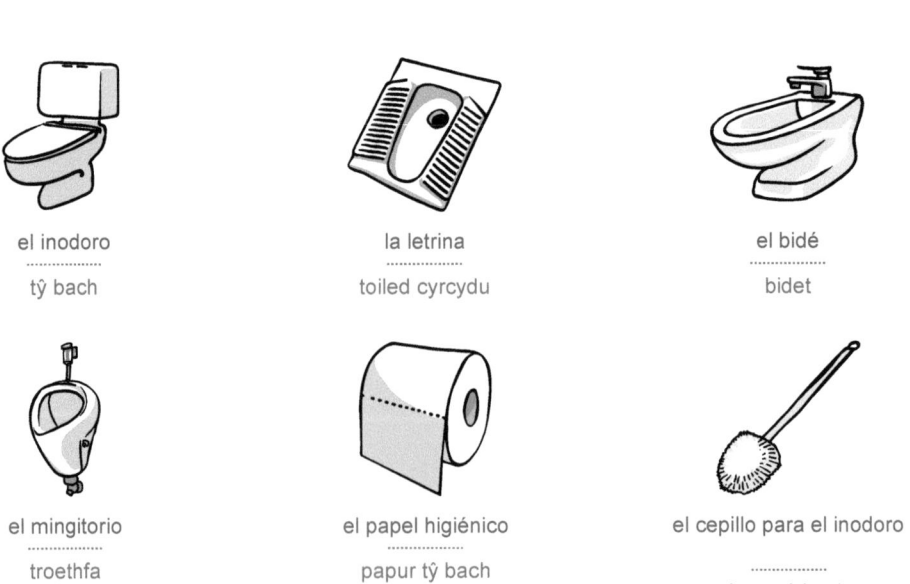

la ducha
cawod
la calefacción
gwres
la toalla
tywel
la cortina de la ducha
llen gawod
el baño de espuma
baddon ewyn
la bañadera
baddon
el vaso
gwydr
el lavarropas
peiriant golchi
la canilla
tap
las baldosas
teils
la pelela
potyn
la pileta
sinc

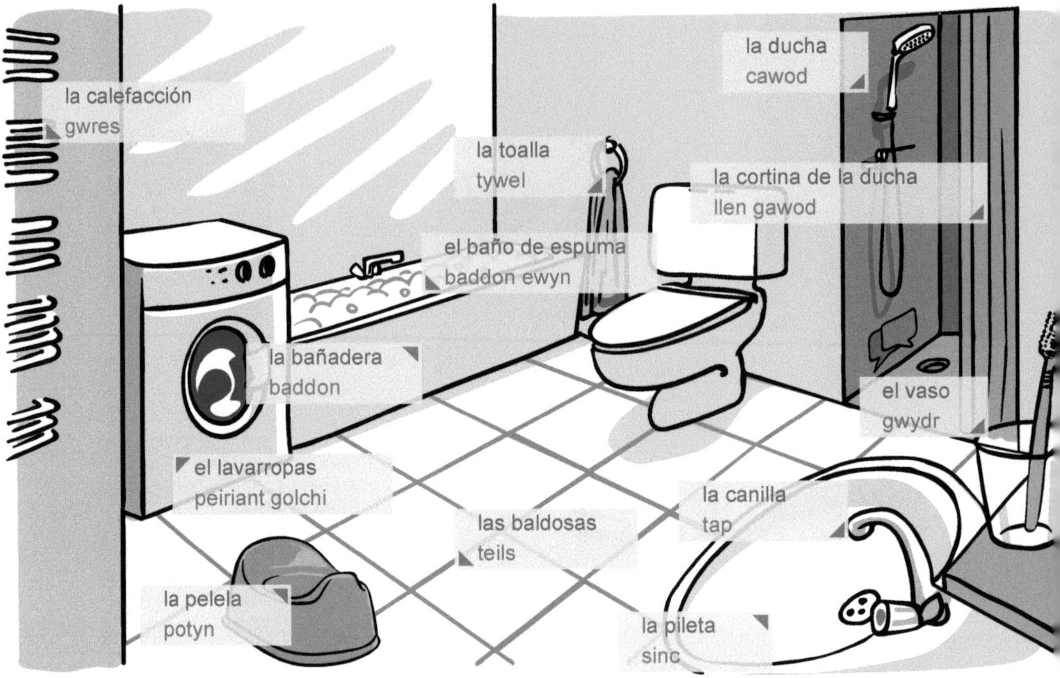

el inodoro

tŷ bach

la letrina

toiled cyrcydu

el bidé

bidet

el mingitorio

troethfa

el papel higiénico

papur tŷ bach

el cepillo para el inodoro

brws tŷ bach

el cepillo de dientes

brws dannedd

el dentífrico

past dannedd

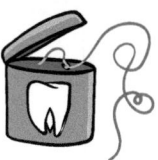

el hilo dental

edau ddannedd

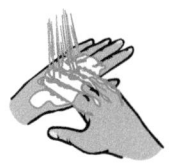

lavar

golchi

la ducha de mano

cawod llaw

la ducha higiénica

golchfa

la palangana

basn

el cepillo para la espalda

brws-ôl

el jabón

sebon

el gel de ducha

gel cawod

el shampoo

siampŵ

la toallita

gwlanen

el desagüe

ffos

la crema

hufen

el desodorante

diaroglydd

el espejo

drych

el espejito

drych llaw

la maquinita de afeitar

rasel

la espuma de afeitar

ewyn eillio

el aftershave

sent eillio

el peine

crib

el cepillo

brws

el secador de pelo

sychwr gwallt

el spray

chwistrell gwallt

el maquillaje

colur

el lápiz de labios

minlliw

el esmalte para uñas

farnais ewinedd

el algodón

gwlân cotwm

la tijera para uñas

siswrn ewinedd

el perfume

persawr

el portacosméticos

bag ymolchi

la banqueta

stôl

la balanza

clorian

la bata

gŵn baddon

los guantes de goma

menig rwber

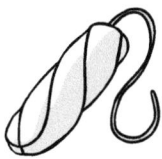

el tampón

tampon

la toallita femenina

tywel misglwyf

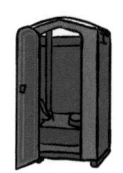

el baño químico

toiled cemegol

el cuarto de los chicos
ystafell plentyn

el despertador
cloc larwm
el peluche
tegan anwes
el coche de juguete
car tegan
el sonajero
cleciwr
la casa de muñecas
tŷ dol
el regalo
anrheg

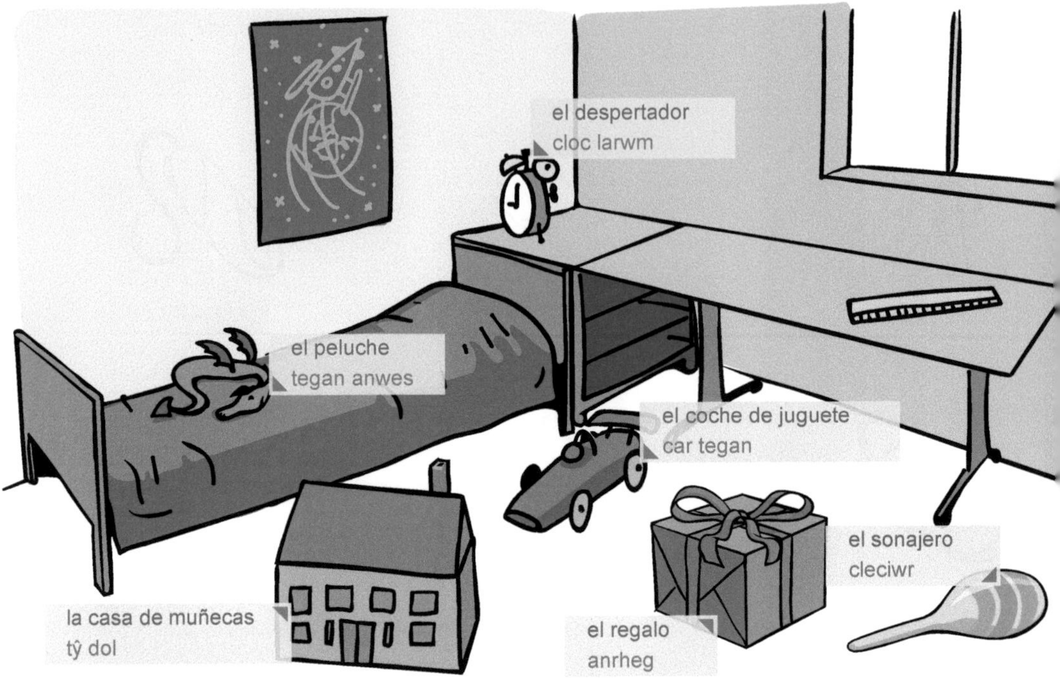

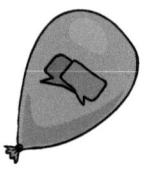

el globo

balŵn

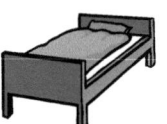

la cama

gwely

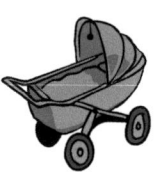

el cochecito

pram

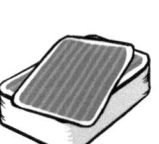

las cartas

pecyn o gardiau

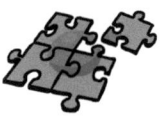

el rompecabezas

jig-so

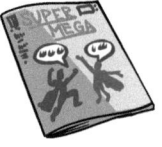

la historieta

comic

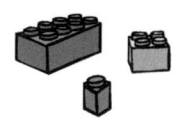

las piezas de lego

brics Lego

los ladrillos de juguete

blociau adeiladu

la figura de acción

ffigur gweithredu

el enterito (de bebé)

babygro

el frisbee

ffrisbi

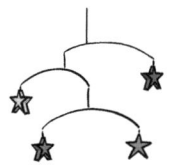

el móvil para bebés

ffôn symudol

el juego de mesa

gêm fwrdd

los dados

deis

el tren eléctrico

set model trên

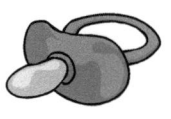

el chupete

teth lwgu

la fiesta

parti

el libro de cuentos ilustrado

llyfr lluniau

la pelota

pêl

la muñeca

dol

jugar

chwarae

el arenero

pwll tywod

la hamaca

swing

los juguetes

teganau

la consola de videojuegos

consol gemau fideo

el triciclo

beic tair olwyn

el osito de peluche

tedi

el armario

cwpwrdd dillad

la ropa

dillad

las medias

hosanau

las medias panty

hosanau

las calzas

teits

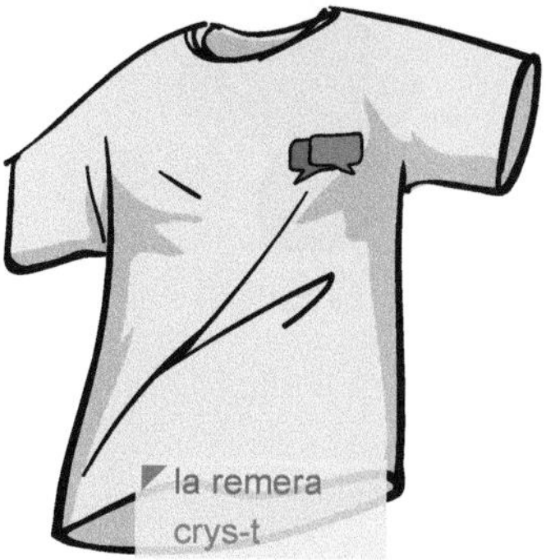

la bufanda
sgarff

el cinturón
gwregys

el paraguas
ymbarél

la remera
crys-t

las zapatillas
esidiau ymarfer

las botas
esgidiau

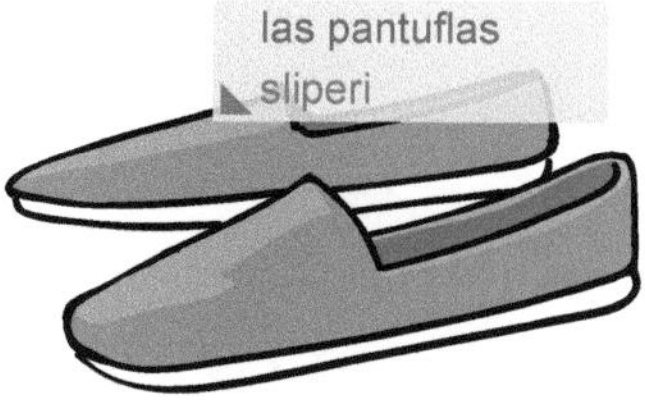

las pantuflas
sliperi

las sandalias
....
sandalau

los zapatos
....
esgidiau

las botas de goma
....
esgidiau rwber

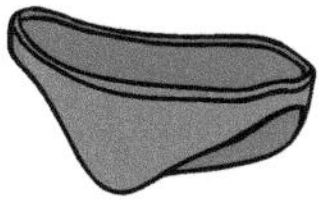

la ropa interior
....
trôns

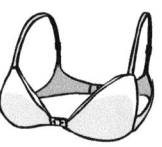

el corpiño
....
bra

el chaleco
....
fest

el body
corff

los pantalones
trowsus

los jeans
jîns

la pollera
sgert

la blusa
blows

la camisa
crys

el pulóver
pwlofer

el buzo
hwdi

el blazer
blaser

la campera
siaced

el tapado
côt

el piloto
côt law

el traje
gwisg

el vestido
gŵn

el vestido de novia
gwisg briodas

el traje
siwt

el camisón
gŵn nos

el pijama
pyjamas

el sari
sari

el pañuelo para la cabeza
sgarff pen

el turbante
tyrban

la burka
bwrca

el caftán
cafftan

la abaya
abaya

el traje de baño
gwisg nofio

el short de baño
trowsus nofio

los shorts
siorts

el jogging
tracwisg

el delantal
ffedog

los guantes
menig

el botón

botwm

los anteojos

sbectol

la pulsera

breichled

el collar

cadwyn

el anillo

modrwy

el aro

clustdlws

la gorra

cap

la percha

cambren

el sombrero

het

la corbata

tei

el cierre

sip

el casco

helmed

los tiradores

fframiau danedd

el uniforme escolar

gwisg ysgol

el uniforme

gwisg

la ropa - dillad

el babero

bib

el chupete

teth lwgu

el pañal

cewyn

la oficina
swyddfa

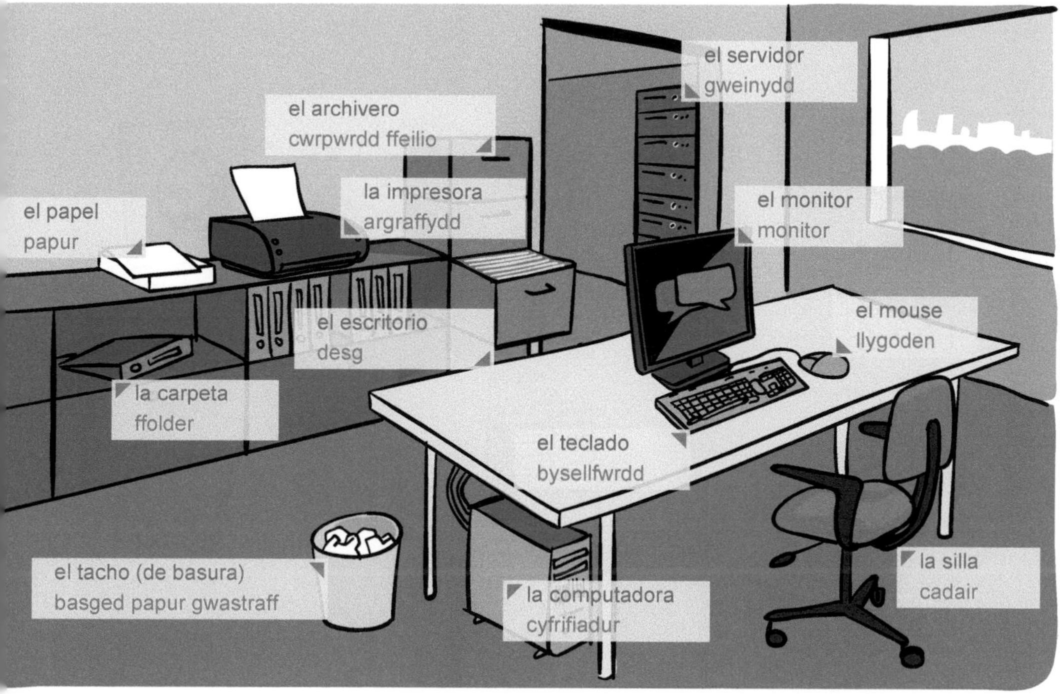

el servidor

gweinydd

el archivero

cwrpwrdd ffeilio

la impresora

argraffydd

el papel

papur

el monitor

monitor

el mouse

llygoden

el escritorio

desg

la carpeta

ffolder

el teclado

bysellfwrdd

el tacho (de basura)

basged papur gwastraff

la computadora

cyfrifiadur

la silla

cadair

la taza de café

mwg coffi

la calculadora

cyfrifiannell

el internet

rhyngrwyd

la laptop

gliniadur

la carta

llythyr

el mensaje

neges

el celular

ffôn symudol

la red

rhwydwaith

la fotocopiadora

llungopïwr

el software

meddalwedd

el teléfono

teleffon

el tomacorriente

soced plwg

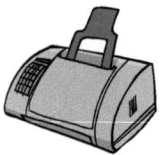

el fax

peiriant ffacs

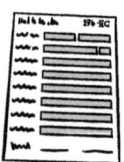

el formulario

ffurflen

el documento

dogfen

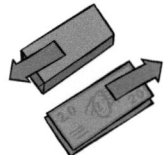

comprar
prynu

pagar
talu

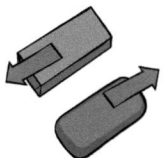

hacer negocios
masnachu

el dinero
arian

el dólar
doler

el euro
ewro

el yen
yen

el rublo
rwbl

el franco suizo
ffranc y Swistir

el yuan
yuan renminbi

la rupia
rwpi

el cajero automático
peiriant arian

la casa de cambio

swyddfa gyfnewid

el oro

aur

la plata

arian

el petróleo

olew

la energía

ynni

el precio

pris

el contrato

contract

el impuesto

treth

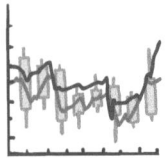

la acción

stoc

trabajar

gweithio

el empleado

cyflogai

el empleador

cyflogwr

la fábrica

ffatri

el negocio

siop

el policía
swyddog heddlu

el bombero
diffoddwr tân

el cocinero
cogydd

el médico
meddyg

el piloto
peilot

el jardinero
garddwr

el carpintero
saer

la modista
gwniadwraig

el juez
barnwr

el farmacéutico
fferyllydd

el actor
actor

el colectivero

gyrrwr bws

el taxista

gyrrwr tacsi

el pescador

pysgotwr

la mucama

glanhawraig

el techista

töwr

el mozo

gweinydd

el cazador

heliwr

el pintor

paentiwr

el panadero

pobydd

el electricista

trydanwr

el albañil

adeiladwr

el ingeniero

peiriannydd

el carnicero

cigydd

el plomero

plymiwr

el cartero

dyn y post

el soldado

milwr

el arquitecto

pensaer

el cajero

ariannwr

el florista

gwerthwr blodau

el peluquero

triniwr gwallt

el cobrador

archwiliwr tocynnau
rheilffordd

el mecánico

mecanydd

el capitán

capten

el dentista

deintydd

el científico

gwyddonydd

el rabino

rabi

el imán

imam

el monje

mynach

el sacerdote

clerigwr

las herramientas
offer

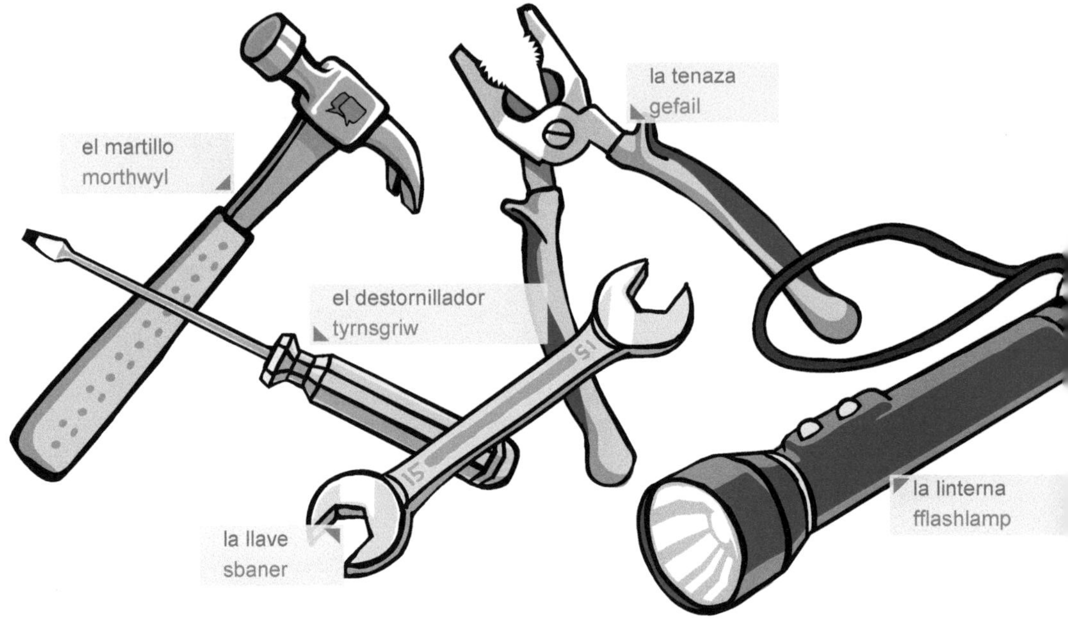
la tenaza
gefail
el martillo
morthwyl
el destornillador
tyrnsgriw
la linterna
fflashlamp
la llave
sbaner

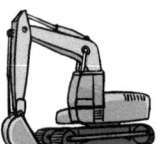

la excavadora

turiwr

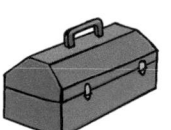

la caja de herramientas

blwch offer

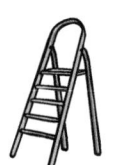

la escalera portátil

ysgol

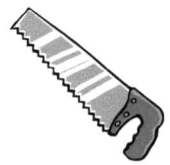

la sierra

llif

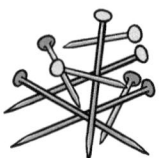

los clavos

hoelion

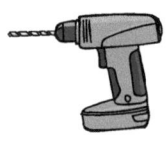

el taladro

dril

arreglar

trwsio

la pala de jardín

rhaw

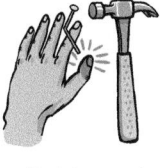

¡Qué bronca!

Daria!

la pala de plástico

rhaw lwch

el tacho de pintura

pot paent

los tornillos

sgriwiau

los instrumentos musicales
offerynnau cerdd

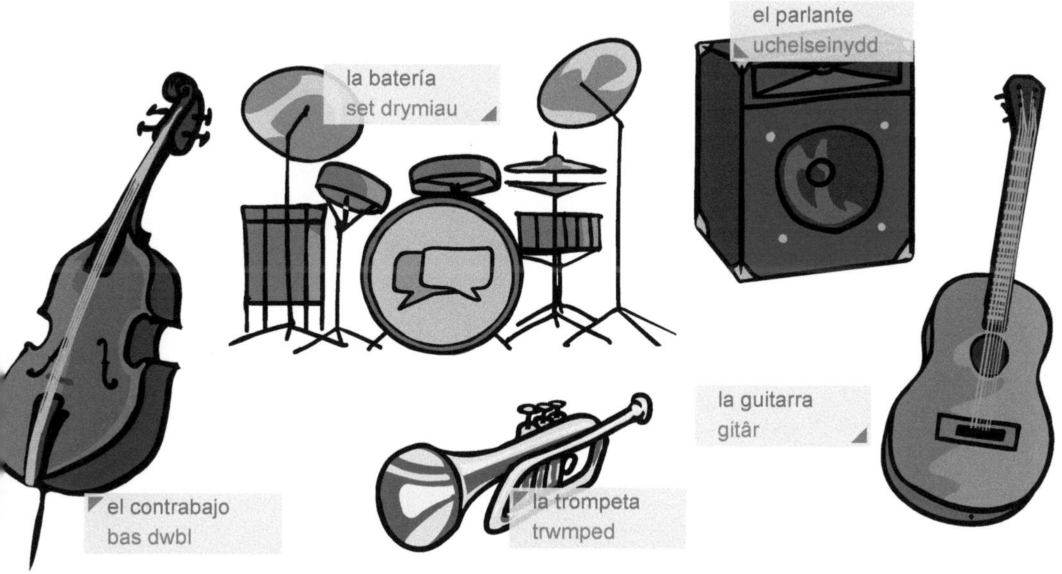

la batería
set drymiau

el parlante
uchelseinydd

la guitarra
gitâr

el contrabajo
bas dwbl

la trompeta
trwmped

el piano

piano

el violín

ffidil

el bajo

bas

los timbales

timpani

el tambor

drymiau

el teclado

cyweirfwrdd

el saxofón

sacsoffon

la flauta

ffliwt

el micrófono

meicroffon

el zoológico

sŵ

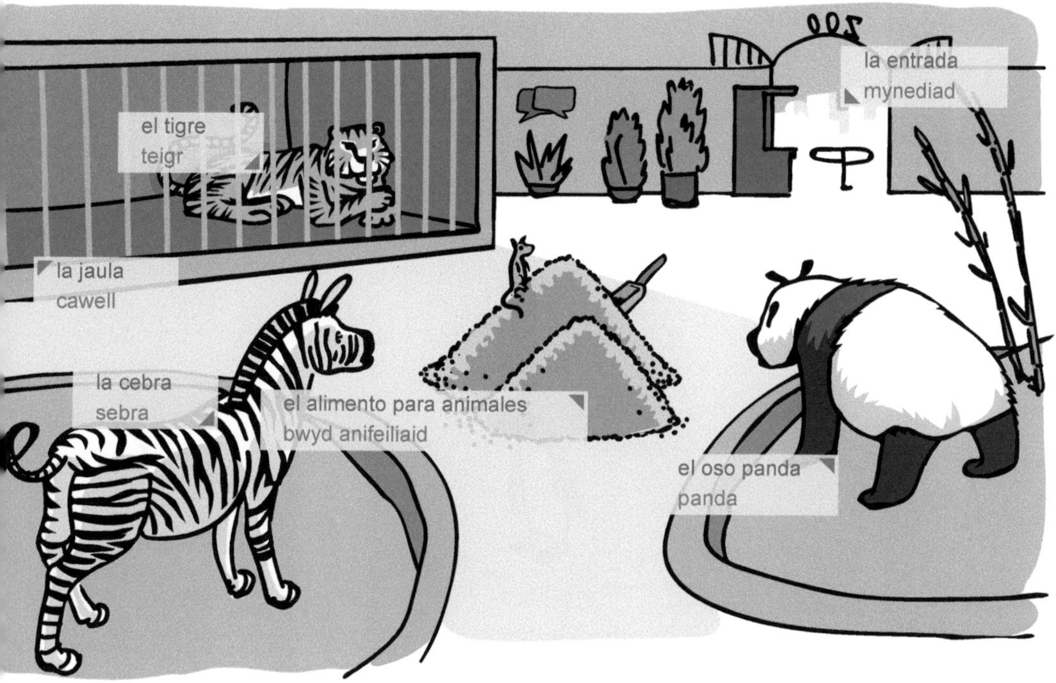

la entrada
mynediad
el tigre
teigr
la jaula
cawell
la cebra
sebra
el alimento para animales
bwyd anifeiliaid
el oso panda
panda

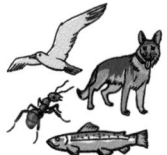

los animales

anifeiliaid

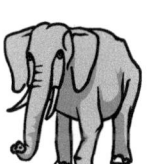

el elefante

eliffant

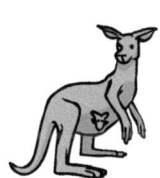

el canguro

cangarŵ

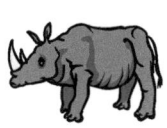

el rinoceronte

rhinoseros

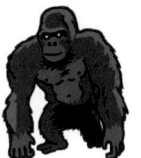

el gorila

gorila

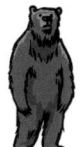

el oso

arth

el camello

camel

el avestruz

estrys

el león

llew

el mono

mwnci

el flamenco

fflamingo

el loro

parot

el oso polar

arth wen

el pingüino

pengwin

el tiburón

siarc

el pavo real

paun

la serpiente

neidr

el cocodrilo

crocodeil

el cuidador del zoológico

gofalwr sŵ

la foca

morlo

el jaguar

jagwar

el poni

merlyn

el leopardo

llewpard

el hipopótamo

hipo

la jirafa

jiráff

el águila

eryr

el jabalí

baedd

el pescado

pysgodyn

la tortuga

crwban

la morsa

walrws

el zorro

llwynog

la gacela

gafrewig

el fútbol americano
pêl-droed America

el ciclismo
beicio

el tenis
tennis

el básquet
pêl-fasged

la natación
nofio

el boxeo
bocsio

el hockey sobre hielo
hoci iâ

el fútbol
pêl-droed

el bádminton
badminton

el atletismo
athletau

el handball
pêl-law

el esquí
sgïo

el polo
polo

las actividades
gweithgareddau

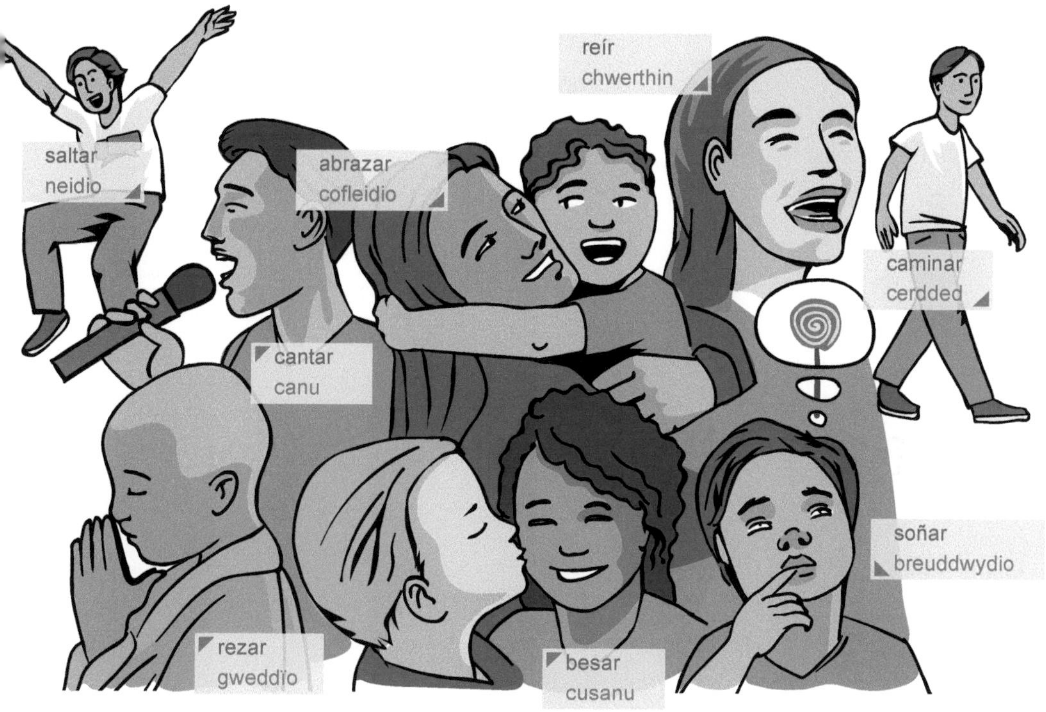
reír
chwerthin
saltar
neidio
abrazar
cofleidio
caminar
cerdded
cantar
canu
soñar
breuddwydio
rezar
gweddïo
besar
cusanu

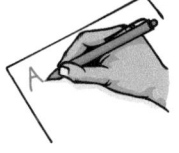

escribir
ysgrifennu

dibujar
tynnu

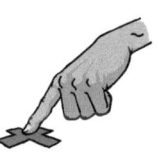

mostrar
dangos

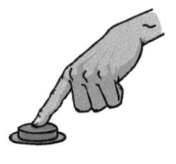

presionar
gwthio

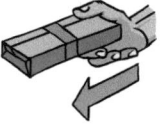

dar
rhoi

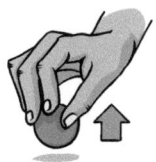

tomar
cymryd

tener

bod gan

hacer

gwneud

ser

bod

estar parado

sefyll

correr

rhedeg

tirar

tynnu

tirar

taflu

caer

disgyn

estar acostado

gorwedd

esperar

aros

llevar

cario

estar sentado

eistedd

vestirse

gwisgo amdanoch

dormir

cysgu

despertar

deffro

mirar

edrych ar

llorar

crïo

acariciar

anwesu

peinar

cribo

hablar

siarad

entender

deall

preguntar

gofyn

escuchar

gwrando

beber

yfed

comer

bwyta

ordenar

tacluso

amar

caru

cocinar

coginio

manejar

gyrru

volar

hedfan

navegar

hwylio

calcular

cyfrifo

leer

darllen

aprender

dysgu

trabajar

gweithio

casarse

priodi

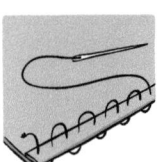

coser

gwnïo

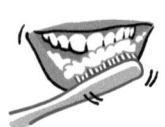

cepillarse los dientes

brwsio dannedd

matar

lladd

fumar

ysmygu

enviar

anfon

la abuela
nain

el abuelo
taid

el padre
tad

la madre
mam

el bebé
baban

la hija
merch

el hijo
mab

el invitado

gwestai

la tía

modryb

el tío

ewythr

el hermano

brawd

la hermana

chwaer

el cuerpo
corff

la frente
talcen
el ojo
llygad
el hombro
ysgwydd
el dedo
bys
la cara
wyneb
la pera
gên
la mano
llaw
la pierna
coes
el pecho
bron
el brazo
braich

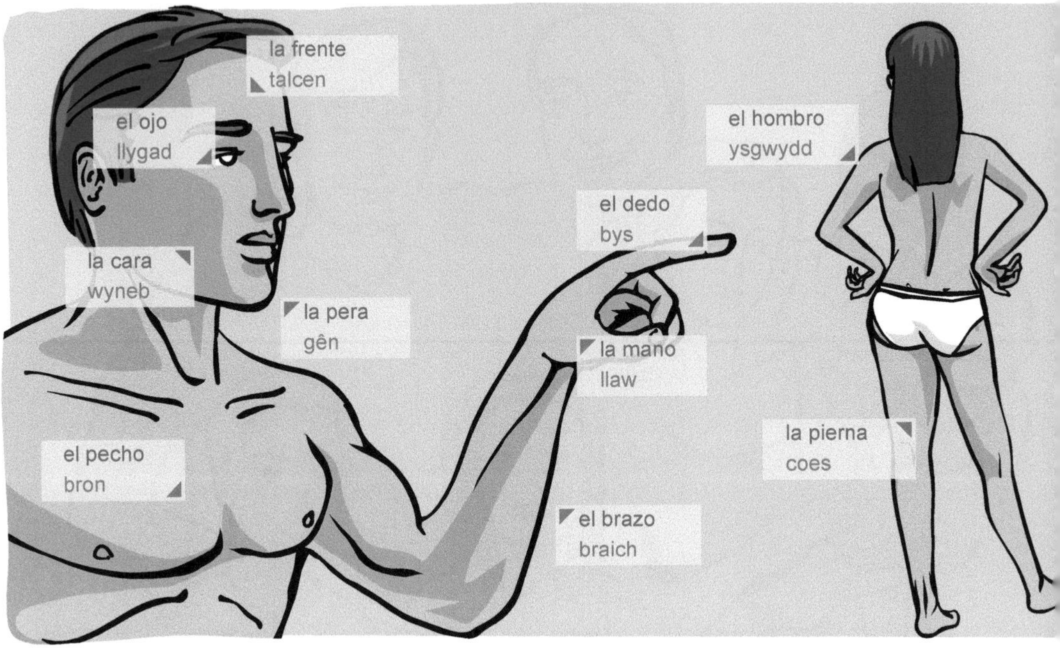

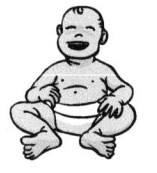

el bebé
baban

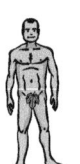

el hombre
dyn

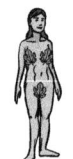

la mujer
gwraig

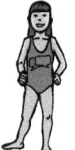

la nena
geneth

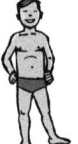

el nene
bachgen

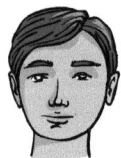

la cabeza
pen

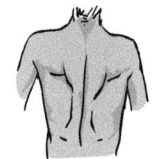

la espalda

cefn

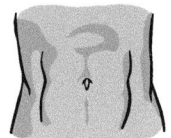

la panza

bel

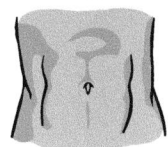

el ombligo

bogail

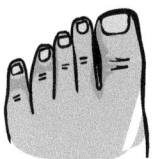

el dedo del pie

bys troed

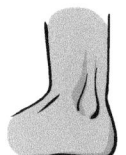

el talón

sawdl

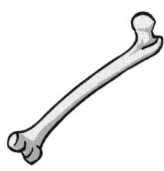

el hueso

asgwrn

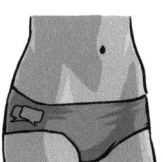

la cadera

clun

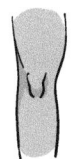

la rodilla

pen-glin

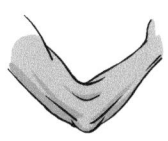

el codo

penelin

la nariz

trwyn

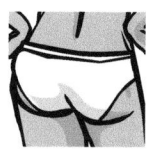

la cola

pen ôl

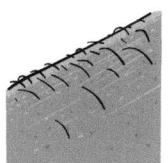

la piel

croen

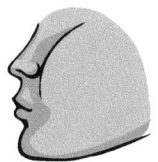

el cachete

boch

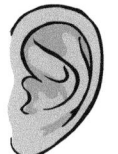

la oreja

clust

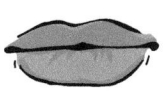

el labio

gwefus

la boca

ceg

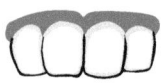

el diente

dant

la lengua

tafod

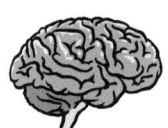

el cerebro

ymennydd

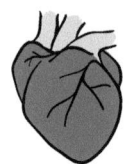

el corazón

calon

el músculo

cyhyr

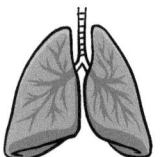

el pulmón

ysgyfaint

el hígado

iau

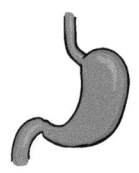

el estómago

stumog

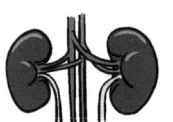

los riñones

arennau

el sexo

rhyw

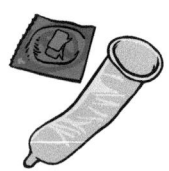

el preservativo

condom

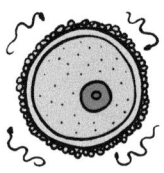

el óvulo

ofwm

el semen

semen

el embarazo

beichiogrwydd

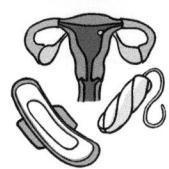

la menstruación

mislif

la vagina

fagina

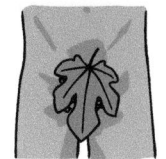

el pene

pidyn

la ceja

ael

el pelo

gwallt

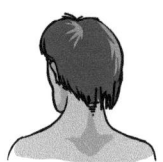

el cuello

gwddf

el hospital
ysbyty

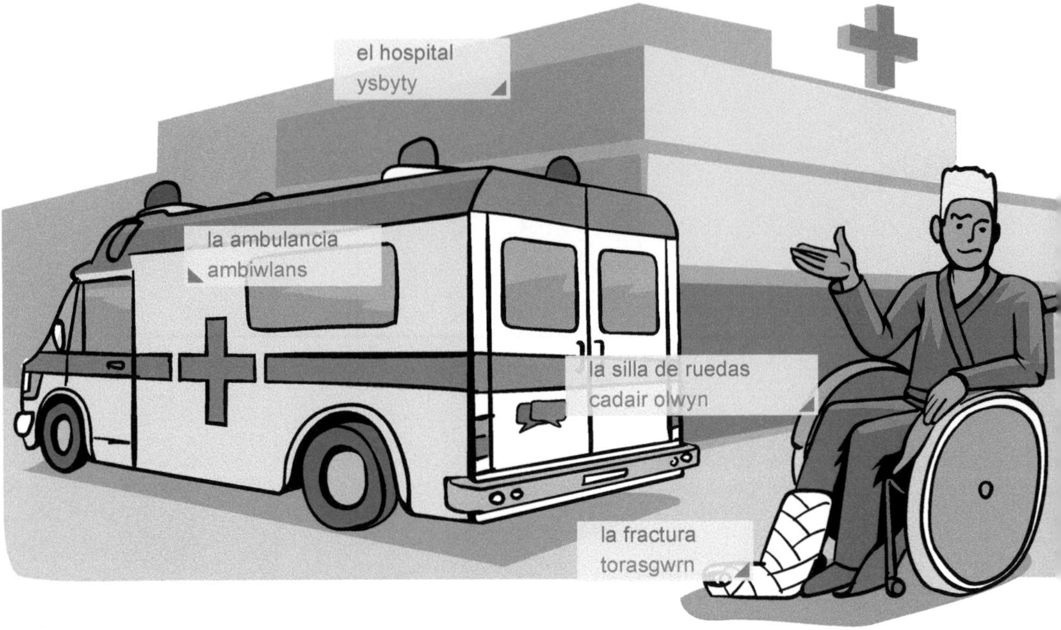

el hospital
ysbyty
la ambulancia
ambiwlans
la silla de ruedas
cadair olwyn
la fractura
torasgwrn

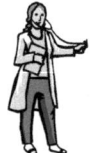

el médico

meddyg

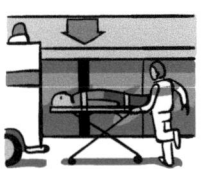

la sala de guardia

ystafell argyfwng

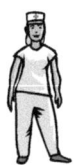

la enfermera

nyrs

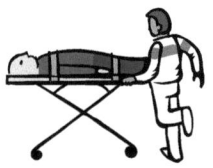

la emergencia

argyfwng

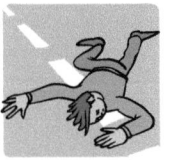

inconsciente

anymwybodol

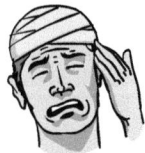

el dolor

poen

la lesión

anaf

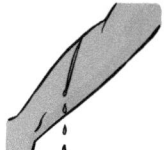

la hemorragia

gwaedu

el infarto

trawiad ar y galon

el ACV

strôc

la alergia

alergedd

la tos

peswch

la fiebre

twymyn

la gripe

ffliw

la diarrea

dolur rhydd

el dolor de cabeza

cur pen

el cáncer

canser

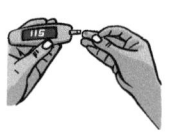

la diabetes

diabetes

el cirujano

llawfeddyg

el bisturí

fflaim

la operación

gweithrediad

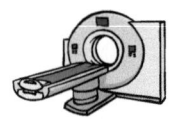

la TC

CT

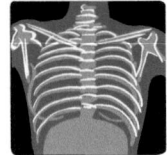

los rayos x

pelydr-x

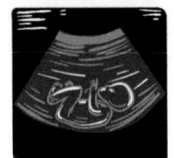

la ecografía

uwchsain

el barbijo

mwgwd wyneb

la enfermedad

clefyd

la sala de espera

ystafell aros

la muleta

bagl

la curita

plastr

la venda

rhwymyn

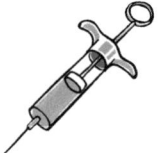

la inyección

pigiad

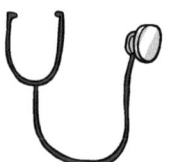

el estetoscopio

stethosgop

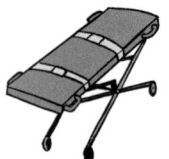

la camilla

elorwely

el termómetro

thermomedr clinigol

el nacimiento

genedigaeth

el sobrepeso

dros bwysau

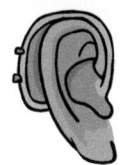

el audífono

cymorth clyw

el desinfectante

diheintydd

la infección

haint

el virus

firws

el VIH / SIDA

HIV / AIDS

el remedio

meddygaeth

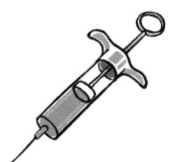

la vacunación

brechiad

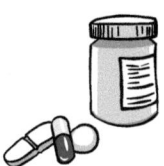

los comprimidos

tabledi

la pastilla anticonceptiva

y bilsen

la llamada de emergencia

galwad frys

el tensiómetro

monitor pwysau gwaed

enfermo / sano

yn sâl / yn iach

¡Ayuda!

Help!

la alarma

larwm

la agresión

ymosodiad

el ataque

ymosodiad

el peligro

perygl

la salida de emergencia

allanfa argyfwng

¡Fuego!

Tân!

el matafuego

diffoddwr tân

el accidente

damwain

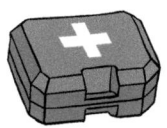

el botiquín de primeros
auxilios

pecyn cymorth cyntaf

el SOS

SOS

la policía

heddlu

Europa

Ewrop

América del Norte

Gogledd America

América del Sur

De America

África

Affrica

Asia

Asia

Australia

Awstralia

el Atlántico

Iwerydd

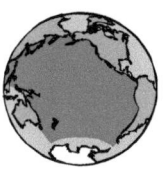

el Pacífico

y Môr Tawel

el Océano Índico

Cefnfor yr India

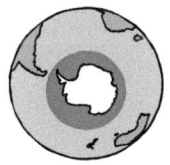

el Océano Antártico

Cefnfor yr Antarctig

el Océano Ártico

Cefnfor yr Arctig

el polo norte

Pegwn y Gogledd

el polo sur

Pegwn y De

la Antártida

Antarctica

la Tierra

y Ddaear

la tierra

tir

el mar

môr

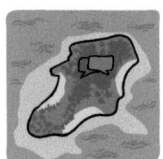

la isla

ynys

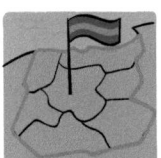

la nación

cenedl

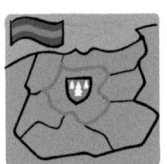

el estado

gwladwriaeth

la esfera

wyneb cloc

la manecilla de las horas

bys awr

el minutero

bys munud

el segundero

bys eiliad

¿Qué hora es?

Faint o'r gloch yw hi?

el día

dydd

la hora

amser

ahora

yn awr

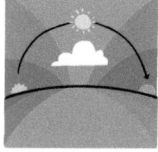

el reloj digital

cloc digidol

el minuto

munud

la hora

awr

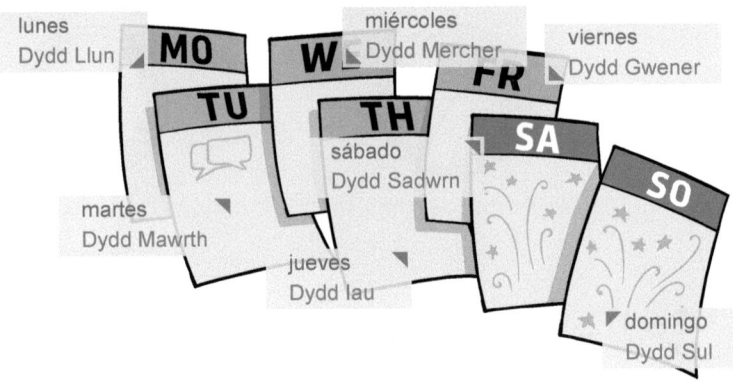

lunes
Dydd Llun

miércoles
Dydd Mercher

viernes
Dydd Gwener

martes
Dydd Mawrth

sábado
Dydd Sadwrn

jueves
Dydd Iau

domingo
Dydd Sul

ayer

ddoe

hoy

heddiw

mañana

yfory

la mañana

bore

el mediodía

canol dydd

la tarde

noswaith

los días hábiles

diwrnodiau busnes

el fin de semana

penwythnos

el año
blwyddyn

la lluvia
glaw
el arco iris
enfys
la nieve
eira
el viento
gwynt
la primavera
gwanwyn
el otoño
hydref
el verano
haf
el invierno
gaeaf

4.APRIL 11°
5.APRIL 4°
6.APRIL 13°
7.APRIL 8°
8.APRIL 10°

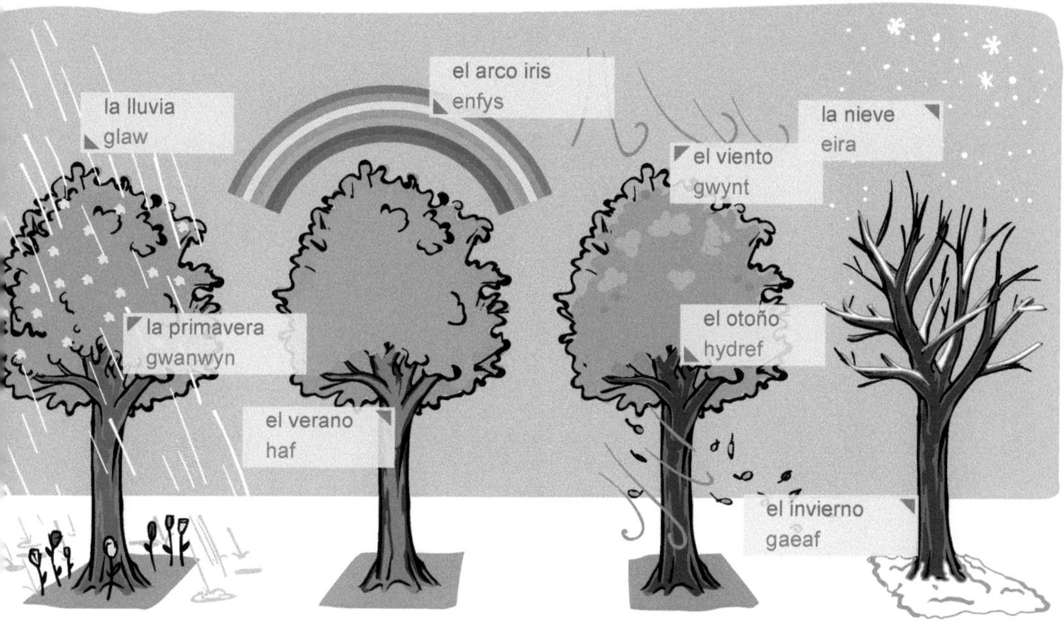

pronóstico meteorológico

rhagolygon y tywydd

F C
120 90 60 30 0 -30
40 30 20 10 0 -10 -20

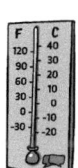

el termómetro

thermomedr

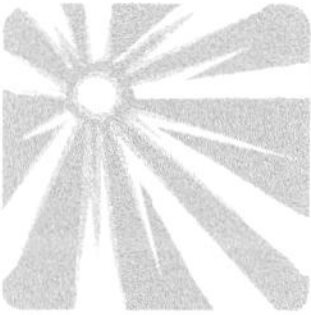

la luz del sol

heulwen

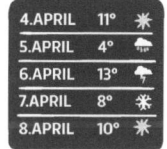

la nube

cwmwl

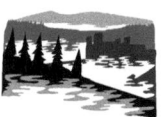

la niebla

niwl tew

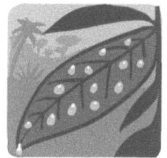

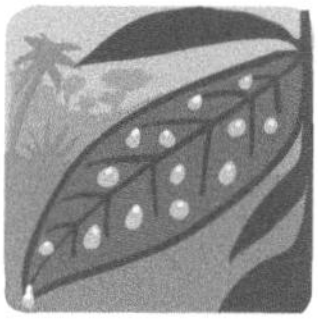

la humedad

lleithder

el rayo

mellt

el trueno

taranau

la tormenta

storm

el granizo

cenllysg

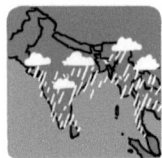

el monzón

monsŵn

la inundación

llif

el hielo

iâ

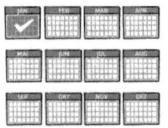

enero

Ionawr

febrero

Chwefror

marzo

Mawrth

abril

Ebrill

mayo

Mai

junio

Mehefin

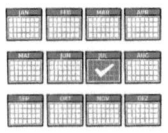

julio

Gorffennaf

agosto

Awst

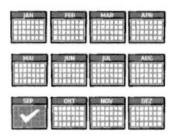

septiembre
....
Medi

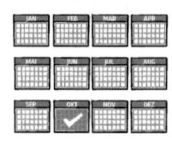

octubre
....
Hydref

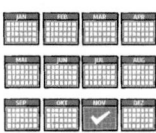

noviembre
....
Tachwedd

diciembre
....
Rhagfyr

las formas

siapiau

el círculo
....
cylch

el cuadrado
....
sgwâr

el rectángulo
....
petryal

el triángulo
....
triongl

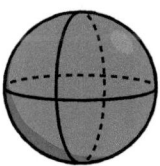

la esfera
....
sffêr

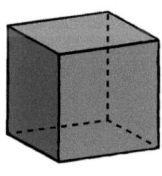

el cubo
....
ciwb

colores

lliwiau

blanco

gwyn

amarillo

melyn

naranja

oren

rosa

pinc

rojo

coch

violeta

porffor

azul

glas

verde

gwyrdd

marrón

brown

gris

llwyd

negro

du

mucho / poco

llawer / ychydig

enojado / tranquilo

dig / tawel

lindo / feo

hardd / hyll

el principio / el fin

dechrau / diwedd

grande / chico

mawr / bach

claro / oscuro

llachar / tywyll

el hermano / la hermana

brawd / chwaer

limpio / sucio

glân / budr

completo / incompleto

gyflawn / anghyflawn

el día / la noche

dydd / nos

muerto / vivo

farw / yn fyw

ancho / angosto

eang / cul

comestible / no comestible

bwytadwy / anfwytadwy

malo / amable

drwg / caredig

entusiasmado / aburrido

llawn cyffro / diflasu

gordo / flaco

tew / tenau

primero / último

cyntaf / olaf

el amigo / el enemigo

cyfaill / gelyn

lleno / vacío

llawn / gwag

duro / blando

caled / meddal

pesado / liviano

trwm / ysgafn

el hambre / la sed

wedi newynnu / yn sychedig

enfermo / sano

yn sâl / yn iach

ilegal / legal

anghyfreithlon / cyfreithiol

inteligente / estúpido

deallus / twp

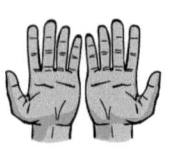

izquierda / derecha

chwith / dde

cerca / lejos

agos / pell

nuevo / usado
ewydd / wedi'i ddefnyddio

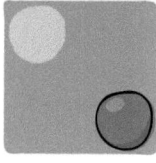

nada / algo
dim / rhywbeth

viejo / joven
hen / ifanc

encendido / apagado
ymlaen / i ffwrdd

abierto / cerrado
ar agor / ar gau

silencioso / ruidoso
tawel / uchel

rico / pobre
cyfoethog / tlawd

correcto / incorrecto
cywir / anghywir

áspero / suave
garw / llyfn

triste / contento
trist / hapus

corto / largo
byr / hir

lento / rápido
araf / cyflym

mojado / seco
gwlyb / sych

caliente / frío
cynnes / claear

guerra / paz
rhyfel / heddwch

0

cero

sero

1

uno

un

2

dos

dau

3

tres

tri

4

cuatro

pedwar

5

cinco

pump

6

seis

chwech

7

siete

saith

8

ocho

wyth

9

nueve

naw

10

diez

deg

11

once

un deg un

12

doce

un deg dau

13

trece

un deg tri

14

catorce

un deg pedwar

15

quince

un deg pump

16

dieciséis

un deg chwech

17

diecisiete

un deg saith

18

dieciocho

un deg wyth

19

diecinueve

un deg naw

20

veinte

dau ddeg

100

cien

cant

1.000

mil

mil

1.000.000

el millón

miliwn

los idiomas

el inglés

Saesneg

el inglés americano

Saesneg America

el chino mandarín

Tsieinëeg Mandarin

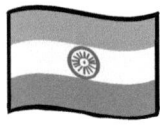

el hindi

Hindi

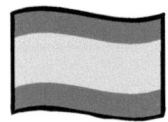

el español

Sbaeneg

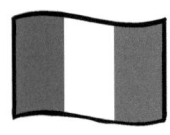

el francés

Ffrangeg

el árabe

Arabeg

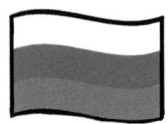

el ruso

Rwseg

el portugués

Portiwgaleg

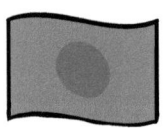

el bengalí

Bengali

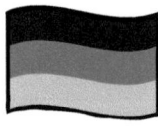

el alemán

Almaeneg

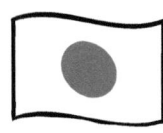

el japonés

Siapanaeg

yo

fi

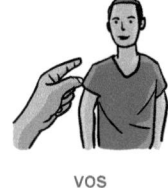

vos

ti

él / ella

ef / hi

nosotros

ni

ustedes

chi

ellos

nhw

¿quién?

pwy?

¿qué?

beth?

¿cómo?

sut?

¿dónde?

ble?

¿cuándo?

pryd?

el nombre

enw

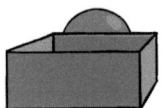

detrás

y tu ôl i

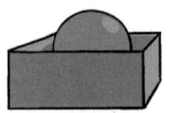

en

yn / yng / ym / mewn

adelante de

o flaen

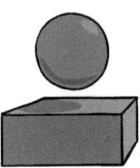

por encima de

dros

sobre

ar

debajo de

dan

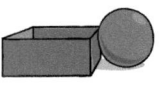

al lado de

wrth ochr

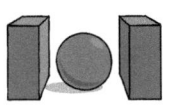

entre

rhwng

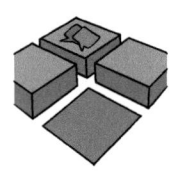

el lugar

lle